Der Reitunterricht

Ein Hilfsbüchlein für die Unterrichtserteilung
und zur Selbstbelehrung

Von

Eugen Abel
Oberstleutnant a. D.

Faksimile Nachdruck „Der Reitunterricht"

Symbole und Parolen, die nach StGB § 86/§ 86a
verboten sind, wurden auf dem Titelblatt und auf
Seite 64 entfernt

Das ursprüngliche Werk gilt gemäß dem deutschen Urheber-
recht als gemeinfrei

Vorwort

Der Verleger des XENOPHON Verlages, Herr Knut Krüger, ist an mich herangetreten ein Vorwort für diese Anleitung zu verfassen. Es ist mir eine große Freude und es erfüllt mich mit Stolz dieser Bitte nachzukommen.

Über Oberstleutnant Eugen Abel etwas Biographisches in Erfahrung zu bringen gleicht schon einer Detektivarbeit.

Gleichwohl ist bekannt, daß Oberstleutnant a. D. Abel (1873–1952) schon in früher Jugend sich der Ausbildung von Pferd und Reiter widmete. Als junger Offizier sammelte er seine ersten Erfahrungen darin und hat seine Erfahrungen in einer Schrift zusammengefaßt die lautete: „Grundsätze, Regeln und Anweisungen für das Reiten gerittener und junger Pferde und für den Reitunterricht"(Diese Anleitung wurde auf Anraten von Oberlandstallmeister a. D. Dr. h. c. G. Rau und Generalmajor a. D. Linkenbach nach seinem Tod 1952, im Jahr 1983 veröffentlicht). Eine seiner ersten Stationen in seinem reiterlichen Werdegang fand in den 20er Jahren des vorherigen Jahrhunderts als Reitlehrer des Akademischen Reitervereins in BERLIN statt. In den 30er/40er Jahren des vorherigen Jahrhunderts war Oberstleutnant a. D. Abel als Leiter des Arbeitsgebietes „Ausbildung" bei der Organisation „Dienst am Pferde" des Reichsnährstandes und als Leiter der Reichsfachschule für Reit- und Fahrausbildung in BERLIN, sowie als Leiter der Vorbereitungslehrgänge für die staatlichen Reitlehrerprüfungen eingesetzt.

Oberstleutnant a. D. Abel war weithin befähigt, die Lerninhalte der H. Dv. 12, Reitvorschrift, von 1926(1912), sondern ebenfalls auch die Lerninhalte der H. Dv. 12, Reitvorschrift, von 1937, nicht nur theoretisch zu vermitteln.

Bezüglich der Lerninhalte der Reitvorschriften standen der Autodidakt und Oberst a. D. Heydebreck, Oberlandstallmeister a. D., Dr. h. c. Gustav Rau, Generalmajor a. D. Linkenbach und Oberstleutnant a. D. Abel im gegenseitigen Austausch.

Als Vertreter der STEINBRECHTSCHEN Lehre und somit auch die der Reitvorschriften, hat Oberstleutnant a. D. Abel es sehr bedauert, daß die D. V. E. 12, RV, von 1912 und H. Dv. 1926(1912), RV, sowie die Reitvorschrift begleitende Anleitung von Oberst a. D. Hans von Heydebreck, „Reitlehrer und Reiter in Uniform und Zivil", auf dem Buchmarkt nicht mehr zu erwerben war.

Dieser Umstand, aber auch das Wiedereinsetzen der allgemeinen Wehrpflicht von 2 Jahren Wehrdienstzeit und dem zur Folge das Herunterbrechen der Lerninhalte in der neuen H. Dv. 12,

Reitvorschrift, von 1937, von vergleichbaren Lerninhalten „M/S" auf vergleichbaren Lerninhalt „L"; hierbei die Schwerpunktverlagerung auf noch schonungsvollere Ausbildung der Remonte und des Gebrauchspferdes, hat Oberstleutnant a. D. Abel bewogen in ähnlicher Form wie die Anleitung von Oberst a. D. Hans von Heydebreck, dieses nun vorliegende Heft zum besseren Verständnis der H. Dv. 12, Reitvorschrift, von 1937, zu verfassen.

Für zukünftige Reitlehrer und Reiter lag nun eine Anleitung vor, die methodisch in kurzer, knapper Form als „Roter Faden", die Schwerpunkte der Pferde- und Reitlehrer/Reiterausbildung in der

H. Dv. 12, Reitvorschrift, von 1937, erläutert und dadurch zum besseren Verständnis der Reitvorschrift mit Nachdruck beigetragen hat, welche heute noch Gültigkeit in sich trägt.

Alleine vor dem Hintergrund, daß die „Klassisch Deutsche Reitlehre" zum „Immateriellen Kulturgut" erhoben wurde, begrüße ich es sehr, daß der Verleger, Herr Knut Krüger, neben der Neuauflage der H. Dv. 12, Reitvorschrift, von 1926(1912) und der Neuauflage, der von

Oberst a. D. Hans von Heydebreck verfaßten Anleitung „Reitlehrer und Reiter in Uniform und Zivil", nun auch die von Oberstleutnant a. D. Eugen Abel verfaßte Anleitung „Der Reitunterricht" zum besseren Verständnis der H. Dv. 12, Reitvorschrift; von 1937, verlegt und nun dem Suchenden etwaige Hilfsmittel zur Verfügung stehen.

Wolfgang Klepzig StFw a.D.
MilHist und Reitlehrer

Der
Reitunterricht

Ein Hilfsbüchlein für die Unterrichtserteilung
und zur Selbstbelehrung

Bearbeitet auf der Grundlage der Reitvorschrift 1926 und des Buches von Heydebreck:
„Reitlehrer und Reiter in Uniform und Zivil"

Von

Oberstleutnant z. V. Eugen Abel

Leiter des Arbeitsgebietes „Ausbildung" bei der
Organisation „Dienst am Pferde" des Reichsnähr-
standes, Leiter der Reichsfachschule für Reit- und
Fahrausbildung, Berlin-Pichelsberg, und Leiter der
Vorbereitungslehrgänge für die staatlichen Reitlehrer-
Prüfungen

Druck: Reichsnährstand Verlags-Ges. m. b. H., Berlin N 4

Vorwort

Die beiden genannten Werke, die Reitvorschrift 1926 und das Buch von Heydebreck, welche in vollendeter Weise die theoretische Lehre des Reitens behandelten, sind leider vergriffen und im Buchhandel nicht mehr zu haben.

In den folgenden Ausführungen möchte ich auf die wichtigsten Punkte hinweisen, deren Erläuterung meiner Annahme nach für die theoretische Ausbildung der Reiter unbedingt erforderlich ist. Für Reitlehrer und Hilfsreitlehrer und für solche Reiter, welche sich neben der praktischen Ausübung des Reitens auch theoretisch mit den einschlägigen Regeln befassen wollen, insbesondere für solche, welche beabsichtigen, die Reitlehrerprüfung bzw. die Hilfsreitlehrerprüfung abzulegen, dürften diese Hinweise unentbehrlich sein.

Beim Durchlesen meiner Ausführungen empfehle ich, die Reitvorschrift 1937 zur Hand zu nehmen und meine Ausführungen als Ergänzung der Reitvorschrift zu verwerten. Auch empfehle ich, die Zeichnungen der Reitvorschrift 1937 zu beachten. Ich habe deshalb bei den einzelnen Absätzen meiner Ausführungen stets auf die einschlägigen Ziffern dieser Reitvorschrift hingewiesen.

Ich verweise auch auf die Ausführungen der Turnier-Ordnung vom Jahre 1938 § 133 (Seite 184 bis 199).

Der Verfasser

Abkürzungen: **F.** bedeutet Fehler,

K.   „   Korrektur,

H.   „   Hilfe (Einwirkung des Reiters),

R.V.   „   Reitvorschrift 1937.

Inhaltsverzeichnis

Sitz zu Pferde

Gleichgewichtsitz

Grundlage des Sitzes (R. B. II. 9, Bild 8) sind die beiden Gesäßknochen und der Spalt. Der Sitz dient zur Herstellung der Verbindung des Reiters mit dem Pferde zusammen mit Gleichgewicht, Schluß und Führung.

F. Sitzfehler (R. B. Bilder 9, 11—14, 44):

1. Fehler in der Haltung des Rückgrats:
   a) durchgebogener Rücken (hohles Kreuz),
   b) gekrümmter Rücken (Buckel),
   c) seitliche Verbiegung der Wirbelsäule (Einknicken der Hüfte);

2. Verdrehen der Oberschenkel
   a) nach außen (hohles Knie),
   b) nach innen (angepreßtes Knie);

3. Verdrehen der Fußspitze
   a) nach außen (scharfe Wade),
   b) nach innen;

4. Bügel
   a) zu kurz (Stuhlsitz),
   b) zu lang (Spaltsitz).

K. Übungen zur Verbesserung des Sitzes (R. V. XII. 83)

1. Beinheben seitwärts und rückwärts mit gekrümmten Knien und lose herabhängenden Fußspitzen (gleichzeitig);

2. Abheben e i n e s Beines und Knie abwärts stoßen (mit tiefem Absatz);

3. zur Dehnung und Kräftigung der Bein- und Rückenmuskeln: Rumpfbeugen rückwärts;

4. zur Erlangung eines unabhängigen Sitzes und zur Geschmeidigmachung des Hüftgelenkes:

   Kopf- und Rumpfbeugen: rückwärts, seitwärts, vorwärts,
   Kopf- und Rumpfdrehen,
   Kopf- und Rumpfrollen,
   Schwingen beider Arme.

5. zur Erlangung unabhängiger Beweglichkeit der Unterschenkel und Füße:

   Bewegen der Unterschenkel im Kniegelenk nach vorwärts und rückwärts, Fußrollen;

6. zur Erlangung des geschmeidigen Gleichgewichts:

   Werfen von Gegenständen.

Veränderungen des Sitzes

1. Sitz zur Wendung:

   Sitz nach innen (Oberkörper wird nach der inneren Seite gedreht)

   a) bei Wendungen, verbunden mit Gewichtsverlegung nach innen,

b) beim Reiten mit Biegung;

hierbei gehen naturgemäß beide Hände etwas nach innen und inwendige Hand kommt weiter zurück, auswendige Hand weiter vor. dabei entfernt sich innerer Zügel vom Hals, äußerer Zügel legt sich mehr an.

2. Galoppsitz:

Vermehrte Belastung des inneren Gesäßknochens bei vorgenommener innerer Hüfte und tiefem inneren Knie und Absatz. Hüften bestimmen Lage der Schenkel (gebogener Sitz); innerer Schenkel liegt an, äußerer Schenkel hinter dem Gurt. Äußere Schulter darf nicht zurückhängen.

3. Erleichterungssitz oder Entlastungssitz (R. V. II. 9 u. VI. 38 u. 41, Bilder 37—42, 45 und 48)

zur Verminderung der Belastung der Hinterhand und des Rückens

a) beim Anreiten junger Remonten,
b) beim Springen,
c) beim Reiten im Gelände,
d) bei Pferden mit schwachem Rücken und schwacher Hinterhand,

Oberkörper wenig vorneigen, Druck der Sitzknochen vermindern, Gewicht durch Oberschenkel und Knie mehr auf die Seiten des Pferdes übertragen.

Noch größere Rückenfreiheit
a) beim Springen über schwere Hindernisse,
b) beim Reiten im schwierigen Gelände,

aus dem Sattel heben mit erhobenem Kopf und vorgeschobenen Hüften.

Zügelhaltung (R. V. II. 13 a, Bilder 15—19)

1. auf Trense,
2. auf Kandare mit angefaßter Trense oder
   mit durchgezogener Trense oder
   mit losgelassener Trense,
3. mit geteilten Trensen= und Kandarenzügeln.

Hilfen
(R. V. II. 10)

Allgemeines

Begriff:
Einwirkungen des Reiters, durch die er dem Pferde seinen Willen kundgibt.

Arten:
durch Schenkelhilfen: vortreibend,
durch Hände vermittels der Zügelhilfen: verhaltend,
durch Gewichtshilfen, vermittels Gesäß und Oberkörper: unterstützend,

Stärke und Dauer der Hilfen werden bestimmt durch
a) Empfindlichkeit des Pferdes,
b) Grad der Folgsamkeit und
c) beabsichtigten Zweck.

Alle Hilfen werden vorsichtig eingesetzt, allmählich verstärkt und sofort beendet, wenn die Wirkung eintritt.

Schenkelhilfen (R. V. II. 12)

wirken auf den gleichseitigen Hinterfuß; in der Bewegung im Augenblick des Abhebens vom Boden.

Arten:

durch Drücken oder durch Klopfen. Sie wirken

1. vortreibend,
2. verwahrend,
3. seitwärts=treibend.

Lage der Unterschenkel: dicht am Gurt —
regt gleichseitigen Hinterfuß zum Vortreten an;

hinter dem Gurt (bis etwa eine Handbreite), je nach
Stärke:

verwahrend, seitwärts=treibend. Verwahrender Schen=
kel verhindert Hinterfuß am Verlassen des Hufschlages,
seitwärts=treibender Schenkel veranlaßt Hinterfuß zum
Verlassen des Hufschlages.

Bei allen Schenkelhilfen durch Tiefnehmen des Absatzes
Wadenmuskeln spannen.

Sporenhilfen (R. V. II. 12)

1. Zur Verstärkung der Schenkelhilfen (durch Andrücken)
    a) vortreibend,
    b) verwahrend;
2. als Aufforderung zu größter Kraftanstrengung (ein
   oder mehrere kurze Stiche);
3. als Strafe.

Bem.: Als vortreibende Hilfen kommen noch in Betracht:
   Gertenhilfen und Zungenschlag bzw. Schnalzen mit
   der Zunge.

Gewichtshilfen (Sitzhilfen) (R. V. II. 11)

Die durch das Gesäß dem Pferde übermittelten Einwir=
kungen des Oberkörpers; unterstützen Schenkel= und
Zügelhilfen und machen diese dem Pferde verständlicher.

1. Verlegen des Gewichtes nach der Seite (vermehrte Belastung eines Gesäßknochens): wirkt wendend.

2. Zurücknehmen des Oberkörpers:

   a) im Verein mit durchhaltender Zügelhilfe bei elastisch gespanntem Kreuz wirkt belastend auf Rücken und Hinterhand (durchhaltende Gewichtshilfe),

   b) vorübergehend mit verbindendem Vorschieben des Gesäßes mit leicht gespannten Lendenmuskeln wirkt im Verein mit nachgebender Zügelhilfe treibend.

3. Vorneigen des Oberkörpers: wirkt entlastend auf Rücken und Hinterhand und bei fehlender treibender Schenkelhilfe zugleich verhaltend.

4. Anspannen der Rücken= und Lendenmuskeln (Strecken des Rückgrates): überwindet Widerstreben des Pferdes im Rücken.

Fehler zu 1.,

Einknicken der Hüfte, hierdurch Gewichtsverlegung nach der falschen Seite.

Zügelhilfen (Führung) (R. V. II. 13 b): die dem Pferde durch Gebiß und Zügel übermittelten Einwirkungen der Hände. Sie bestimmen:

1. Gangart und Gangmaß (Tempo),

2. Richtung, in der das Pferd gehen soll,

3. Art und Maß der Längs= bzw. Seitenbiegung.

Arten der Zügelhilfen

1. **durchhaltende:** Hände bleiben fest geschlossen auf ihrem Platz und halten vermehrten Druck aus; Unterstützung durch elastisch angespanntes Kreuz.

   Zweck:

   a) zu Übergängen in kürzere Gangart oder kürzeres Gangmaß mit leicht vortreibenden,

   b) zur Verbesserung der Haltung des Pferdes mit verstärkt vortreibenden Hilfen.

2. **annehmende:** festeres Schließen und Eindrehen der Hände gegen den eigenen Leib, Unterstützung durch treibende Einwirkungen; Zweck: ganze Parade zum Halten.

3. **nachgebende:** leichtes Öffnen der Hand und Vornehmen der mittleren Fingergelenke.

   Zweck:

   a) Beendigung der durchhaltenden und annehmenden Hilfen,

   b) geben Freiheit zum Antreten oder zur Beschleunigung der Bewegung.

4. **der einseitig annehmende Zügel:** wirkt wendend und biegend;

5. **der einseitig verwahrende:** wirkt durchhaltend; bestimmt richtige Ausführung der Wendung; begrenzt Biegung.

Zügelhilfen werden in ihrer Wirkung verändert durch:

a) Höher- oder Tieferstellen der Hände,

b) weiteres Auseinanderstellen.

Höherstellen verstärkt hebelartige Wirkung der Anzüge auf Rücken und Hinterhand;

Tieferstellen erhöht beizäumende Wirkung;

Auseinanderstellen verhindert seitliches Ausweichen der Hinterfüße, dient zur Überwindung seitlicher Widerstände im Genick.

6. Seitwärts weisende Hilfen.

Seitwärtsnehmen einer oder beider Hände

a) zum Einrichten der Vorhand auf die Hinterhand,

b) im Verein mit dem vorwärts treibenden Schenkel zum Abführen der Vorhand des Pferdes von der Hufschlaglinie.

Bei der einseitigen Hilfe bleibt der andere Zügel verwahrend stehen; wird die Hilfe mit beiden Händen gegeben, darf die Hand nur an den Widerrist herangenommen, aber nicht über diesen auf die andere Seite genommen werden.

7. die beruhigende Hilfe

durch Überstreichen der Hände dem Mähnenkamm entlang und unmittelbar folgendes weiches Anstehen der Zügel — ohne Sitzveränderung bei treibender Einwirkung.

Gute Führung:

Begriff:

dauernde Erhaltung der Verbindung zwischen Reiterhand und Pferdemaul

bei unabhängigem, weichem und stetem Sitz und
bei richtig gestellter und geformter Hand.

Vorbedingung für gute Führung: Durchlässigkeit des Pferdes in Genick, Hals und Rücken.

F. zu lange Zügel — Folge:
   a) zu weit zurücklehnen, Beine vor,
   b) Leib einziehen und Gesäß lüften;

K. nachgreifen (nicht Hände krampfhaft zusammenpressen);

F. zu kurze Zügel;

K. Zügel verlängern.

Zusammenwirken der Hilfen:

Begriff:

zur Erreichung der von der Dressur angestrebten Haltung und Gangleistung des Pferdes und zur Beherrschung im Gebrauch.

Haltung des Pferdes (von der Seite gesehen).

Man unterscheidet:

1. natürliche Haltung (R. V. XI. 62a u. b; Bilder 55, 56, 57):

   Pferd im natürlichen Gleichgewicht unter dem Reiter. Das Pferd benutzt vornehmlich die Hinterhand zum Schieben nach vorwärts und die Vorhand zum Stützen.

2. Gebrauchshaltung (Arbeitshaltung) (R. V. XI. 62h; Bilder 52, 54):
   Das Pferd ist ins Gleichgewicht gerichtet. Die Hinterhand nimmt am Tragen der Last entsprechend teil. Die Nase ist vor der Senkrechten und etwa in Höhe des Sitzbeines.

3. Dressurhaltung (R. V. XI. 62i; Bilder 32, 58, 59, 60, 61):

Das Pferd geht in Versammlung. Durch vermehrtes Beugen der hinteren Gelenke ist das Pferd bei tiefer Kruppe und untergeschobenen Hinterbeinen mehr auf die Hinterhand gesetzt; die Vorhand ist etwas entlastet; die Bewegungen der Vorderbeine sind erhabener. Die Nase steht dicht vor der Senkrechten oder auch senkrecht und in Höhe der Hüften.

4. künstliches Gleichgewicht:

Das Pferd ist so stark auf die Hinterhand gesetzt, daß es im Stehen die Vorhand vom Boden abhebt (Levade), in der Bewegung den Boden mit den Vorderbeinen kaum und nur ganz leicht berührt (Piaffe und Pirouette).

Bei der Haltung des Pferdes kommen hinsichtlich der Haltung von Kopf und Hals des Pferdes folgende fehlerhafte Abweichungen vor:

F. 1. zu tief gezäumt (gering gradig), Genick ist nicht mehr der höchste Punkt,

K. kräftiges Herantreiben an die durchhaltenden höher gestellten Hände;

F. 2. zu tief gezäumt, verbunden mit krampfhaften Spannungen der Rückenmuskeln des Pferdes,

K. Anspannen der Kreuzmuskeln; Wirbelsäule feststellen; Gesäß mit stärkerem Druck auf den Rücken des Pferdes wirken lassen; vortreiben.

F. 3. Überzäumt (R. V. Bild 18),

K. wiederholte halbe Paraden mit steigenden Händen bei kräftig wirkenden Schenkeln; danach dem Pferde Kopf hochnehmen und sich nicht mehr auf die Hand legen lassen; dann vorwärtsreiten an die wieder tief gestellten Hände;

F. 4. über dem Zügel,

K. in verkürzten Gängen bei durchhaltenden Gewichts- und Zügelhilfen mit treibenden Schenkelhilfen Pferd vermehrt an die Zügel stellen.

Erforderlichenfalls mit einseitig durchhaltenden und auf der anderen Seite mit einseitig nachgebenden und wieder annehmenden Zügelhilfen den Widerstand lösen.

F. 5. Zusammengezogener (zu enger und krauser) Hals. Obere Halslinie zu stark gewölbt, untere Halslinie nach vorn herausgedrückt, Nase zu nahe an der Brust. Meist verbunden mit gespannten Bewegungen des Pferdes.

K. durch Reiten am langen Zügel Pferd zum Strecken und Dehnen des Halses nach vorne veranlassen. Freie Gänge; Bodenrickarbeit.

Am Zügel stehen

Die zwischen der Hand des Reiters und dem Pferde- maule durch Zügel und Gebiß hergestellte Verbindung. Je nach der Ausbildungsstufe von Reiter und Pferd ist diese Verbindung anfänglich nur anzudeuten und all- mählich zu vervollkommnen.

Begriff:

Das durchlässige Pferd folgt willig den Zügeleinwirkun- gen, geht vorwärts an die Hand heran, gibt das Gefühl einer sicheren, weichen Verbindung zwischen Hand und Pferdemaul.

F. Auf dem Zügel

Pferd sucht Stütze in den Zügeln und legt sich auf die Hand.

Gegen den Zügel

Pferd wehrt sich gegen die Hand durch Gegendrücken nach vorwärts-aufwärts.

Hinter dem Zügel.

Pferd nimmt Gebiß nicht an, entzieht sich der Anlehnung durch Ausweichen des Kopfes und Zusammenrollen des Halses nach rückwärts. —

Die Stärke der Anlehnung wechselt nach Stärke von Gangart und Gangmaß; sie wird leichter, je kürzer und versammelter die Gangart und bestimmter bei freieren Gängen.

An die Zügel stellen (R. V. III. 14)

Begriff:

Das Pferd derartig von hinten nach vorn heranschieben, daß zwischen Reiterhand und Pferdemaul eine unbedingt sichere, aber leichte Verbindung hergestellt wird.

H. Im Halten: Reiter drückt mit beiden Schenkeln bei angespanntem Kreuz das Pferd gegen die leicht aushaltende Hand, bis es die Hinterbeine heranstellt und auf dem Gebiß kaut.

F. Ausweichen eines Hinterfußes nach seitwärts oder rückwärts;

K. verhindert der gleichseitige Schenkel mehr klopfend als drückend.

F. Vortreten eines Vorderfußes;

K. verhindert der gleichseitige Zügel.

F. Unterkriechen mit den Vorderfüßen;

R. drückende Schenkelhilfen am Gurt bei höhergestellten Händen.

F. Drängen auf die Zügel;

R. Vorholen der Hinterbeine bei leicht anstehenden Zügeln.

H. Im Gange: wird Pferd an die Zügel gestellt, wenn es nicht mehr kaut,

sich verhält,

vom Zügel fortbleibt.

F. Bei Verweigern der Vorwärtsbewegung;

R. an die Hand treiben durch lebhaft vortreibende, klopfende Hilfen.

Die beim „An die Zügel stellen" vom Pferde zu fordernde Haltung und Stellung von Hals und Kopf ergibt sich je nach Dressurgrad, Gangart und Gangmaß und nach seinem Gebäude.

Anlehnung (R.V. II. 12 b [S. 44] u. XI. 62 c)

Begriff:

Dauernde Verbindung zwischen Reiterhand und Pferdemaul. Je nach seinem Ausbildungsgrad steht das Pferd also ständig am Zügel oder es geht in Beizäumung.

Das vermehrte „An die Zügel stellen", um das Pferd zu veranlassen, die seinem Gebäude entsprechende Hals- und Genickbiegung herzugeben, heißt man

Beizäumen (R.V. III. 15 1. Abs.)

bis endlich Pferd so am Zügel steht, daß das Genick der höchste Punkt ist und die Nase dicht vor der Senkrechten oder bei Einwirkung verhaltender Hilfen auch senkrecht steht und das Pferd bei geschlossenem Maule kaut.

H. Durch Tätigkeit des Reiters, vortreibende Schenkel-hilfen, durchhaltende Gewichts- und Zügelhilfen, gewinnt er dem Pferde Nachgiebigkeit im Hals und Genick ab;

Pferd gibt erforderliche Hals- und Genickbiegung her, indem es sich vom Gebiß abstößt und mit geschlossenem Maule kaut.

F. Widerstand;

K. nicht im Halten, sondern im verkürzten Schritt, dann im gemäßigten Trab überwinden.

F. Seitliches Ausweichen der Hinterfüße;

K. vorübergehende breitere Führung, geringe Kopfstellung nach einer Seite.

Aufrichten (R. V. III. 15 2. Abf.)

Einwirkungen, durch die Hals und Kopf des Pferdes höher gestellt werden.

H. Durch Beugung der Hinterhand (Hüftgelenk, Knie-gelenk, Sprunggelenk): r e l a t i v e A u f r i c h t u n g.

Aufgabe der Hand: unterstützend;

Hebelwirkung von Kopf und Hals auf Rücken und Hinterbeine sichern.

Richtiges Aufrichten bezweckt und bedingt:

zwanglos federnde Tätigkeit der Hinterbeine; er-habenere Bewegungen der Vorderbeine.

Aufrichtende Einwirkungen der Hand: — a b s o l u t e A u f r i c h t u n g ;

höhere Führung;

Hände halten durch oder nehmen aufwärts steigend an, stets verbunden mit vortreibenden, die Hinterfüße vorholende Hilfen.

Auf der Stelle:

zunächst Hinterfüße so heranstellen, daß sie senkrecht unter den Hüften stehen;

Vorwärtstreiben an die wieder tiefgestellten Hände.

Im Gange:

Grad der Aufrichtung ist abhängig: vom Gebäude, vom Dressurgrad, von der Stärke des Gangmaßes.

Gangarten: (R. B. IV.)

Schritt, Trab, Galopp.

Gangmaße:

versammelt oder abgekürzt,

mittel oder frei,

verstärkt oder stark

unterscheiden sich durch

Grad der Versammlung,

Länge der Schritte, Tritte oder Sprünge.

Schritt (R. B. IV. 16)

schreitende Gangart, bei der die Beine sich nacheinander in diagonaler Reihenfolge vorbewegen; er hat 4 Takte.

F. Paß: wenn die gleichseitigen Beinpaare gleichzeitig vorwärtsbewegt und niedergesetzt werden.

Versammelter Schritt:

Pferd soll versammelt

mit gesenkter Hinterhand,

mit aufgerichteter Vorhand,

bei hergegebenem Genick

in ausgeprägten, reinen Schritten am Zügel entschlossen vorwärts gehen. (Hinterbeine treten i n die Spur der Vorderbeine.)

F. Zu enge Versammlung schädigt Geräumigkeit des Schrittes; Pferde verkriechen sich hinter dem Zügel.

Mittelschritt.

Pferd soll mit fleißigen, raumgreifenden und gleichmäßigen Schritten, in ungezwungener Haltung am leicht anstehenden Zügel zwanglos vorwärtsschreiten. (Hinterbeine treten etwas ü b e r die Spur der Vorderbeine hinaus.)

Starker Schritt:

Pferd soll in freier, ungezwungener Haltung mit langgestrecktem Hals, vorgenommener Nase, am hingegebenen Zügel noch raumgreifendere und eifrige Schritte machen. Zügel nur so lang geben, daß immer noch Verbindung zwischen Pferd und Reiter besteht.

F. Kopf schlagen;
Kopf nach unten stoßen;

K. Zügel nicht plötzlich, sondern ganz allmählich verlängern.

Anreiten im Schritt:

H. Reiter schiebt das an die Zügel gestellte Pferd mit Sitz und Schenkeln in die Bewegung hinein.

Hände so viel nachgeben, daß das Pferd frei antreten kann.

F. Zackeln;

K. durch vortreibende Hilfen an die Zügel stellen; dann parieren.

Übergang zum Schritt:

H. durch halbe Parade (durchhaltende Gewichts- und Zügelhilfe).

Trab (R. V. IV. 17)

2 diagonale Beine werden gleichzeitig vorbewegt.

2 Takte, dazwischen ein kurzer Moment der freien Schwebe.

Arbeitstrab (aus natürlichem Trab entwickelt und etwas freier als dieser);

in ihm kann das Pferd am andauerndsten gearbeitet werden. (Verkürzter Arbeitstrab — nicht bei Anfängern und Remonten.)

Abgekürzter Trab oder versammelter Trab mit erhabeneren, aber weniger raumgreifenden Tritten; Pferd soll bei gebogenen Hanken mit Hinterbeinen mehr Last aufnehmen,

sich höher tragen,

bei höchster Versammlung und

völliger Durchlässigkeit.

F. gespannte Tritte (infolge falscher Spannung);

Pferd tritt nicht in Richtung des gehobenen Hufes nach vorwärts, sondern setzt den gehobenen Vorderfuß wieder nach rückwärts auf; auch zieht Pferd vermehrt die Hinterbeine hoch, ohne nach vorwärts gegen die Schwerpunktlinie unterzutreten;

K. vermehrtes Vortreiben,

Herauslassen des Trittes,
geringe Schulterhereinstellung.

M i t t e l t r a b   (genau   festgelegtes   Tempo   von 300 Schritt [Längenmaß] in der Minute)
zur Ausbildung der Schubkraft der Hinterhand sowie des Schwunges und der Selbsthaltung des Pferdes.

S t a r k e r   T r a b
noch raumgreifendere und kraftvollere Tritte zwecks Förderung der Selbsthaltung und Durchlässigkeit; Anlehnung wird etwas bestimmter.

F. Pferd stürmt mit gestrecktem Hals vorwärts und wirft sich auf die Hand,
ungleiches Erheben der Vorderbeine,
Hinterfüße treten breit auseinander oder klappen in die Vordereisen;

K. Gangmaß verkürzen!
Haltung verbessern!

A n t r a b e n

H. Dieselben Hilfen wie zum Anreiten im Schritt; mit Sitz und Hand weich in die Bewegung eingehen.

F. Pferd galoppiert an;

K. mit stark vortreibenden Hilfen durch schwungvolleren Galopp an die Zügel bringen, dann parieren.

Verstärken des Gangmaßes

H. Schenkel treiben, ohne zu stoßen, mehr vorwärts.
Hand läßt die freieren Tritte heraus.

Verkürzen

H. durch Paraden (durchhaltende Gewichts= und Zügel=hilfen).

Leichttraben (R. B. IV. 18)

auf dem inneren Hinterfuß;
Reiter fängt mit Knie und Bügel je einen Trabtritt auf und kommt erst nach dem folgenden Tritt mit dem Gesäß wieder voll in den Sattel.

F. Gesäß künstlich und mehr aus dem Sattel heben.
vornüberfallen,
Gesäß nach hinten herausschieben,
Zügel hängen lassen,
Schenkel steif absperren.

Galopp (R. B. IV. 19)

eine Reihe sich einander unmittelbar folgender Sprünge, zwischen denen ein Augenblick der freien Schwebe.
3 Takte:
1. auswendiger Hinterfuß,
2. gleichzeitig auswendiger Vorderfuß und inwendiger Hinterfuß (auswendige Diagonale),
3. inwendiger Vorderfuß.

Arbeitsgalopp

(aus natürlichem Galopp entwickelt) unter Beibehalt von Ruhe, Losgelassenheit und Gleichgewicht.
(Verkürzter Arbeitsgalopp — nicht bei Anfängern und Remonten).

Mittelgalopp

(genau festgelegtes Tempo von 350 Schritt [Längenmaß] in der Minute);
vermehrte Rückentätigkeit und Biegung der Hinterhand;
Galoppsprung geräumig und gleichmäßig.

Abgekürzter Galopp oder versammelter Galopp

Pferd soll bei gebogenen Hanken mit den Hinterbeinen die Last vermehrt aufnehmen und bei jedem Sprung wieder kräftig abschwingen.

Sprünge erhabener und weniger raumgreifend;

fördert Biegsamkeit der Hinterhand, gibt vollkommenere Haltung, bereitet vor

zu Paraden aus stärkeren Gangarten,

zu Wendungen und

zum Überwinden von Hindernissen.

Starker Galopp (nicht in der Bahn)

Mittelgalopp auf geraden Linien nach und nach verstärken.

Angaloppieren

zuerst versammeln, Stellung geben, Galoppsitz annehmen.

H. 1. innerer Schenkel regt inneren Hinterfuß zum Untertreten an und verhindert Hereinstellen der Hinterhand,

2. innerer Zügel stellt den Kopf nach innen (Stellung),

3. vermehrter Sitz auf innerem Gesäßknochen bei vorgeschobener innerer Hüfte (biegt inneren Hinterfuß),

4. äußerer Zügel halbe Parade zur Belastung der Hinterhand und zum Verhalten des äußeren Hinterfußes,

5. äußerer Schenkel verwahrend hinter dem Gurt (hält äußeren Hinterfuß dicht am inneren),

6. Nachgeben mit beiden Händen (besonders der inneren), wenn Pferd sich hebt,

7. Vortreibende Hilfen beider Schenkel, besonders des inneren, um Sprungbewegung in Fluß zu bringen.

F. Angaloppieren auf 2 Hufschlägen;

K. vermehrtes Anlegen des inneren Schenkels und Zügels;

F. falsches Angaloppieren;

K. durchparieren, geraderichten, richtige Stellung geben, neu angaloppieren;

F. verstärktes Traben;

K. gut versammeln;

F. stets falsch angaloppieren;

K. überraschende und kräftige Schenkelhilfen
unterstützt durch scharfe Wendung;
Angaloppieren aus einer Volte;
Angaloppieren in gewollter Traversstellung;
Angaloppieren an der Longe.

Während des Galopps
schmiegsam den Bewegungen des Pferdes folgen,
Hüften vorschieben, Oberkörper senkrecht,
inwendige Hüfte vorrichten,
inneres Knie tief,
innere Hacke tief,
äußere Schulter gut mitnehmen,
Knie= und Fußgelenk weich federn.

F. (des Reiters) Einknicken der inneren Hüfte,
Verschieben des Gesäßes nach außen.
Klappen des Gesäßes; unruhige Hand.

F. Traversartiges Galoppieren;

K. Vorhand auf Hinterhand einrichten (seitwärts weisende
Hilfen);
Geraderichten durch vermehrten inneren Schenkel.

F. auf die Hand legen;

K. durch halbe Paraden vom Zügel loslösen;

F. hinter dem Zügel galoppieren mit gespanntem Rücken
und hoher Hinterhand;

K. durch freieres Gangmaß zum Strecken bringen;

F. zu hoch aufgerichtet, durchgebogener Rücken, schleppender
Galopp;

K. tiefer stellen, lebhafte Schenkelhilfen;

F. stürmen;

K. auf dem Zirkel galoppieren;
durch verengende äußere Hilfen Zirkel verkleinern;

F. umspringen;

K. verstärkte äußere Hilfen; geringe Außenstellung; äußeren Gesäßknochen belasten;

F. bei heftigen Pferden;

K. ruhiger Sitz. Hals und Kopf tiefer stellen.

Verkürzen des Galopps:

H. mit den Schenkeln Hinterhand vermehrt unterschieben; durch halbe Paraden, besonders mit dem äußeren Zügel, der Hinterhand mehr Last zuschieben.

Innerer Schenkel muß die Hinterbeine zum Galoppieren anregen.

Annehmen und Nachgeben der Hände im Takt der Sprünge.

F. Schwungloses Galoppieren;

K. kräftige Schenkelhilfen, freieres Gangmaß.

Verstärken des Galopps:

weich und fließend, Sprünge lang und raumgreifend, Reiter gut mitgehen, Pferd durch wiederholte halbe Paraden, trotz bestimmter werdender Anlehnung, durchlässig erhalten.

Fußwechsel im Galopp (einfacher Galoppwechsel):

H. 1. Stellung verringern,

2. Pferd gerade stellen,

3. Parade z. vers. Schritt, dabei innerer Schenkel den neuen inneren Hinterfuß festhalten und unterschieben,

4. Sitz wechseln,
5. neue Stellung geben,
6. neuen Galopp entwickeln.

Übergang aus Galopp zum Trab:
Während und nach der Parade das Pferd bestimmt am Zügel halten und erneut gerade richten;

H. beide Schenkel schieben das Pferd in den Trab, Oberkörper bei elastisch gespanntem Kreuz in die Bewegung gut eingehen.

F. Heftige Pferde;

K. schulterhereinartig parieren und schulterhereinartig einige Trabtritte weiterreiten.

Außengalopp
nur im abgekürzten Tempo.
Pferd ist nach der äußeren Seite der Bahn gestellt und muß gegen seine Biegung wenden.

Zweck:
Durch Übungen im Außengalopp sollen Versammlung und Gewandtheit des Pferdes erhöht werden und der Reiter sich in seinem Gefühl und in seiner Einwirkung verfeinern.

Einüben durch Übergang mittels Kehrtwendung aus einer Ecke. Reiter sitzt gut nach innen und hält sein Pferd gut an den äußeren Hilfen.

Ecken anfänglich gut abrunden; äußerer Zügel verhält äußeren Hinterfuß; der innere Zügel muß immer wieder beruhigend einwirken.

F. Pferd galoppiert in Renversstellung auf 2 Hufschlägen;

K. gerade richten (Vorhand auf Hinterhand) durch seit=
wärts weisende Hilfen.

Übergang zum Außengalopp außerdem

1. durch Wechseln durch die Bahn ohne Fußwechsel,
2. Angaloppieren aus der Außenstellung,
3. durch Fußwechsel (einfacher Galoppwechsel auf
   gerader Linie),
4. durch Kurzkehrtwendung.

Im Außengalopp reiten

a) auf dem Zirkel,
b) bei Schlangenlinien,
c) beim Reiten der Acht.

Bei den drei Gangarten sind bestimmte „G e b r a u c h s =
t e m p o s" (R. V. X. 55. a) vorgesehen. Sie betragen:

im Schritt	125 Schritt	(Längenmaß)
im Trab	275	„	„
im Galopp	500	„	„
im starken Galopp . .	700	„	„

Paraden (R. V. V. 27).

a) h a l b e P a r a d e n :

Zweck:

1. das Pferd in eine kürzere Gangart oder kürzeres
   Gangmaß setzen,
2. Takt, Haltung und Versammlung während des
   Ganges verbessern oder wiedergewinnen (Arrêt),
3. zu starker Anlehnung oder zu eiligem Gang begegnen
   (Sakkade).

H. Zügel durchhalten, evtl. annehmen, gleichzeitig Pferd mit den Schenkeln umfassen,

Kreuz leicht anspannen, Hinterbeine heranhalten, Stocken im Gange und Auseinanderfallen verhindern. Anzustreben sind: halbe Paraden mittels durchhaltender Gewichts= und Zügelhilfe.

b) g a n z e   P a r a d e :

Zweck:

Pferd wird aus dem Gang zum Stillstehen gebracht.

H. obige Hilfen werden in verstärktem Maße angewandt und so lange wiederholt, bis Pferd steht. Treibende Hilfen schieben das Pferd von hinten nach vorn an die Zügelhilfen heran.

F. Pferd bohrt mit hohem Rücken nach unten;

K. Höherstellen der Hände bei der Parade;

F. Zurückkriechen oder Zurückstellen der Hinterbeine:

K. Nachgeben mit der Hand; Schenkel bleiben in verstärkter Anlage.

F. Eigenmächtiges Verhalten;

K. kräftig vortreibende, die Hinterhand unterschiebende Hilfen.

Mit zunehmender Ausbildung des Pferdes bzw. des Reiters ganze Paraden auch aus dem Trab und Galopp.

Wendungen im Gange

Hinterhand soll Vorhand genau folgen. Längsbiegung entspricht dem Bogen der Wendung. Innerer Hinterfuß soll untertreten und Körperlast vermehrt stützen.

Engste Wendung: Kreisbogen der Volte.

H. Vor jeder Wendung:

Versammeln, Stellen und Gewicht verlegen nach der Seite der Wendung.

Zur Wendung:

Innerer Zügel stellt das Pferd und führt es in die Wendung.

Innerer Schenkel regt gleichseitigen Hinterfuß zum Untertreten unter die Schwerpunktlinie an.

Äußerer Zügel erlaubt Eingehen in die Wendung, regelt seitl. Hals= und Genickbiegung, bestimmt Maß (Größe) der Wendung, verwahrt ausw. Schulter, sorgt für notwendige Versammlung, verhindert mit dem

äußeren Schenkel Ausfallen der Hinterhand.

Beachten:

Richtiger Sitz und Gewichtsverteilung;

innere Hüfte bei tiefem Knie vorschieben,

äußere Schulter vornehmen.

Unter Berücksichtigung der natürlichen Schiefe des Pferdes:

Bei Rechts=Wendung: inneren Hinterfuß gut heranhalten;

Vorhand vor die Hinterhand richten.

Bei **Links-Wendung**: rechten Hinterfuß verwahren,

Hals und Schulter feststellen,

richtige Genick- und Rippenbiegung*).

Je enger die Wendung und je stärker die Gangart, desto
mehr Versammlung.

Inneren Hinterfuß zum richtigen Stützen, ⎫
äußeren Hinterfuß zum Vorschreiten in ⎬ veranlassen.
Richtung auf den äußeren Vorderfuß ⎭

Nach der Wendung:
Pferd geradeaus stellen.

Arten von Wendungen im Gange:

1. **Ecken-Reiten** (R.V. Bild 1 [S. 5 u. 6] R.V.
V. 22):

Das **Durchreiten** der Ecke erfolgt auf dem Viertel-
kreisbogen einer Volte. Je nach Gangart, Gangmaß und
Rittigkeit können die Ecken auch flacher **ausgeritten**
werden.

H. Neben den allgemeingültigen Hilfen ist durch Anwen-
dung der erweiternden **inneren** Hilfen das **Durch-**
reiten der Ecken zu erreichen.

F. Widerstreben des Pferdes, richtig durch die Ecke zu gehen:

K. Ausführung im versammelten Schritt.

F. Ausfallen der äußeren Schulter (rechte Hand)*):

K. äußere Schulter vor und während der Wendung vorrichten. Gerte an der äußeren Schulter wirken lassen.

---

*) Diese Angaben beziehen sich auf die natürliche Rechts-
Schiefe; bei Links-Schiefe ändern sich die Einwirkungen des
Reiters entsprechend.

F. Ausfallen der Hinterhand (linke Hand)*);

K. durch verwahrende äußere Schenkelhilfen auswendigen Hinterfuß vor und während der Wendung festhalten.

Bei

2. Wechseln durch die Bahn (ganze oder halbe Bahn) und

bei

3. Wendungen vom Hufschlag ab und nach dem Hufschlag zu

H. verhindern innerer Schenkel und äußerer Zügel zu frühes Abwenden.

Nach jeder solchen Wendung (nach Ziffer 1 bis 3) ist das Pferd geradeaus zu stellen und haben vortreibende Schenkel- und vorschiebende Gewichtshilfen das Pferd im Gang (Tempo) zu halten.

4. Reiten auf dem Zirkel (R. B. V. 23) dient zur Bearbeitung (vermehrtes Beugen) des inneren Hinterfußes und zur Vorbereitung
zu allen anderen Wendungen,
zum Galopp und zu den Seitengängen.
Beim Reiten auf dem Zirkel: gleichmäßige Längsbiegung, Hinterfüße spuren auf die gleichseitigen Vorderfüße.
Seitwärts weisende Zügelhilfen und verwahrende bzw. seitwärts treibende Schenkelhilfen erhalten das Pferd auf der richtigen Hufschlaglinie. Versammelnde Hilfen an jedem Paradepunkt sorgen für Haltung und Tempo.
Zirkel verkleinern und vergrößern (R. B. Bilder 23 u. 24):

---

*) siehe Bem. auf Seite 34.

H. Verengende äußere, erweiternde innere Hilfen.

Zirkel verkleinern traversartig, dabei Tempo etwas verhalten; Zirkel vergrößern schulterhereinartig, dabei Tempo etwas verstärken. Die Längsbiegung des Pferdes verändert sich entsprechend dem kleiner oder größer werdenden Kreisbogen des Zirkels. Beim Zirkelvergrößern hat neben den erweiternden inneren Hilfen vornehmlich der äußere Zügel das Pferd zu führen, wodurch das Pferd vermehrt auf die äußeren Hilfen aufmerksam wird.

Wechseln **aus** dem Zirkel.

Wechseln **durch** den Zirkel.

Beim Wechseln der Hand zunächst das Pferd geradeausstellen, dann erneut geraderichten mit gleichmäßiger Längsbiegung.

5. Volte nur in versammelten Gängen mit richtiger Stellung, dabei äußeren Hinterfuß dicht heranhalten.

Im Arbeitstrab muß der Kreisbogen der Volte entsprechend größer geritten werden.

6. Kehrtwendung. Erster Teil eine halbe Volte; Zweiter Teil auf gerader Linie schräg zur Wand zurück, dabei Hinterhand genau der Vorhand folgen.

7. Schlangenlinien an der Wand und durch die Bahn; dabei Sitz nach innen mit jedesmaligem Vornehmen der äußeren Schulter und vorherrschende Gewichtshilfen.

8. Acht, an der kurzen Wand geritten, sonst wie Wechseln durch den Zirkel.

Schlangenlinien an der Wand können im Schritt und Trab mit und ohne Wechseln der Stellung geritten werden.

Wendungen auf der Stelle (R.V. V. 20)

1. **Wendung auf der Vorhand** (R.V. V. 20 a)

Zweck: Reiter und Pferd die Wirkung der einseitigen Hilfen, besonders des seitwärts treibenden Schenkels zu lehren.

Keine schulgerechte Übung, weil Hinterhand entlastet und Versammlung der Hinterhand aufgehoben wird.

Drehpunkt liegt unter dem inneren Vorderfuß.

Zwingendes Mittel zur Bekämpfung des Ungehorsams gegen innere Hilfen.

H. Pferd einstellen. Innerer Schenkel dicht hinter dem Gurt drückt Hinterhand Tritt für Tritt herum. Verwahrender Schenkel (auswendiger) fängt jeden 2. Tritt auf. Beide Schenkel, unterstützt durch Kreuz und Gesäß, halten Pferd dauernd am Zügel.

F. Pferd wirft sich gegen den seitwärts treibenden Schenkel;

K. innerer Zügel fordert stärkere Biegung und rückt seitwärts ab.

F. Zurücktreten;

K. vortreibende Hilfen.

F. Vortreten (der stärkere Fehler, weil Pferd gegen den Zügel drängt und die Wirkung des durchhaltenden Zügels durchbricht);

K. verhaltende Hilfen, besonders des äußeren Zügels.

F. Herumeilen;

K. auswendiger Schenkel muß stärker verwahrend wirken.

F. Ausfallen der auswärtigen Schulter;

K. vermehrtes Anlegen des äußeren Zügels in der Tiefe.

2. **Wendung auf der Hinterhand** (R. V. V. 20 b)

Drehpunkt liegt unter dem inwendigen Hinterfuß.

Dient zur Verständlichmachung der wendenden Hilfen bei den Wendungen im Gange; als Vorübung für Kurzkehrtwendung.

H. Pferd an die Zügel und nach innen stellen.

Innerer Zügel wirkt seitwärts weisend nach innen und führt das Pferd Tritt für Tritt herum.

Auswärtiger Zügel stellt Hinterhand fest und führt bei t i e f e r Handstellung äußere Schulter nach innen.

Schenkel erhalten das Pferd am Zügel;

äußerer Schenkel verhindert ein Ausfallen der Hinterhand bzw. ein Seitwärtstreten des äußeren Hinterfußes, der dicht um den inneren Hinterfuß in einem kleinen Bogen herumtreten soll.

Inneren Gesäßknochen belasten;

äußere Schulter vorrichten.

F. Zurücktreten;

geringes Vortreten gestattet (erwünscht);

K. kräftigere Schenkelwirkung bei leichter Anlehnung. Vermeidung jeder rückwärts gerichteten Einwirkung mit dem Zügel.

K u r z k e h r t w e n d u n g (R. V. V. 26)

Wendung auf der Hinterhand im Gange (Schritt) erst möglich, wenn Pferd richtige Wendungen auf der Hinterhand ausführen und im versammelten Schritt gehen kann.

Rückwärtsrichten (R. B. V. 28)

Bewegung der diagonalen Beinpaare in gleichmäßigen, ruhigen Tritten in gerader Richtung bei aufgerichtetem Hals und gesenkter Hinterhand; Ausführung höchstens 6 Tritte.

Zweck:

Fördert die Durchlässigkeit auf annehmende Hilfen und Gehorsam, macht den Rücken nachgiebig, biegt die Hinterhand und verbessert Haltung.

H. Pferd muß gleichmäßig auf seinen 4 Beinen stehen, geradegerichtet sein und sich im Genick willig hergeben. Durch gerade auf die Hinterfüße gerichtete wechselseitige Zügelanzüge wird Rückwärtstreten gefordert.
Oberkörper senkrecht bei angespanntem Kreuz, Schenkel liegen verwahrend an (bei schwachem Rücken Gesäßknochen entlasten).

F. Einseitiger Widerstand;

K. entsprechende Stellung geben.

F. Pferd hält den Rücken fest und legt sich auf das Gebiß;

K. höhere Aufrichtung.

F. Zurückkriechen;

K. Oberkörper mehr zurückhalten, Schenkel kräftiger einwirken.

F. Seitwärtssetzen eines oder beider Hinterfüße;

K. einrichten der Vorhand und vermehrte einseitige Zügelwirkung gegen den betreffenden Hinterfuß (Übung an der Wand), evtl. geringe Schulterhereinstellung.

F. Gegenstemmen der hinausgestellten Hinterbeine;

K. durch Wendung auf der Vorhand Hinterbeine lösen und dann rückwärts richten oder Vordrücken in halben Tritten und Hinterbeine untertreten lassen, dann mit unter-

geschobenen Hinterbeinen halten und anschließend rück=
wärts richten. Bei ernsthaften Widerständen jeden wei=
teren Versuch einstellen.

Strafe: Ausführung mehr als 6 Tritte

beim Auf=die=Hand=Legen oder beim Wegbrechen, um
sich der Zügelwirkung zu entziehen.

Geraderichten (R. V. V. 29)

Begriff:

Vorhand und Hinterhand so aufeinander einrichten, daß
das auf einem Hufschlag gehende Pferd sich mit seiner
Längsachse genau der Hufschlaglinie anpaßt, gleichviel,
ob diese gerade oder gebogen ist.

Die den Pferden eigentümliche Neigung zu schiefer Kör=
perhaltung (R. V. Bild 25) zeigt sich besonders durch:

F. 1. Nichtspuren von Vorder= und Hinterfüßen,

    2. Pferd setzt den rechten Hinterfuß schwerer in gerader
       Linie vorwärts u n t e r den Leib, sondern
       weicht mit ihm nach rechts seitwärts aus,

    3. Pferd fällt mit der linken Schulter aus,

    4. buchtet die linke Halsseite aus,

    5. geht g e g e n rechten Schenkel und linken Zügel*);

K. in der Reitbahn:

    a) (rechte Hand)

       1. linke Schulter verwahren mit tief gehaltenem
          linken Zügel,

       2. Vorhand mit rechtem seitwärts weisenden Zügel
          nach rechts führen,

---

   *) Es handelt sich hier um die natürliche Rechts=Schiefe.

3. mit rechtem Schenkel rechten Hinterfuß am Seit=
   wärtsheraustreten verhindern;

b) (linke Hand)

1. Hals mit rechtem Zügel g e r a d e stellen,

2. nicht von der Schulter nach links abweichen lassen.
Je mehr der Schwung nach vorwärts erhalten wird, desto
weniger, je mehr der Reiter sein Pferd mit den Zügeln
verhält, desto mehr zeigt sich die natürliche Schiefe des
Pferdes. Zur Vermeidung des Schiefgehens ist ferner
zu beachten, daß die äußere Schulter des Pferdes nicht
so nahe an der Bande stehen darf wie die äußere Hüfte.

Stellung des Pferdes (von oben gesehen)

Man unterscheidet:

1. Das geradeaus gestellte Pferd (R. V. Bild 26)
   (nur bei geradeaus gehendem Pferde).
   Vom Genick über die Hals=, Rücken= und Lenden=
   wirbel und über das Kreuzbein bis zum Schweif=
   ansatz bildet das Pferd eine gerade Linie; die Hinter=
   beine spuren genau in Richtung der Vorderbeine.

2. Das geradeaus gerichtete Pferd (R. V. Bild 22).
   Durch das ganze Pferd vom Genick bis zum Schweif
   geht eine g l e i c h m ä ß i g verlaufende Längsbiegung
   hindurch, deren Stärke sich nach der Größe des
   Bogens der zu reitenden Hufschlaglinie (Zirkel,
   Schlangenlinie, Volte) richtet. Die Hinterbeine
   treten genau in Richtung der Vorderbeine.

3. Das seitlich gebogene Pferd.
   Durch das Pferd geht eine entsprechend seiner Bau=
   art sich von hinten (Kreuz) nach vorne (Genick) all=
   mählich verstärkende Wölbung (Biegung), die jedoch
   nirgends einen Knick oder eine Ausbuchtung zeigen

darf. Die äußere Schulter des Pferdes ist hierbei etwas vorgerichtet und die Vorhand etwas nach innen hereingenommen. Infolgedessen spurt der innere Hinterfuß zwischen die Vorderfüße, der äußere Hinterfuß tritt in Richtung des äußeren Vorderfußes.

4. Das seitlich gestellte Pferd (R. B. Bild 29 u. 30).
Dem im Hals und Rücken geradeaus gestellten bzw. geradeaus gerichteten Pferd wird eine verstärkte Genickbiegung abverlangt, so daß der Reiter das innere Auge und die innere Nüster sehen kann. Gleichzeitig wird der äußere Hinterfuß dichter an den inneren Hinterfuß herangeschoben, wodurch bei geradeaus gestelltem Pferd eine leichte Rippenbiegung gefordert, bei geradeaus gerichtetem Pferd die schon vorhandene Rippenbiegung etwas verstärkt wird. Während der innere Hinterfuß in Richtung des inneren Vorderfußes vortritt, spurt der äußere Hinterfuß zwischen die Vorderfüße.

Übungen mit Seitenbiegung (R. B. V. 30)

Zweck:

1. die Folgsamkeit des Pferdes auf die seitlich wirkenden Zügelanzüge zu erhöhen,
2. den Hals an der äußeren Seite zu dehnen,
3. dem Pferde denjenigen Grad von Längsbiegung anzuweisen, der beim Reiten
   a) gebogener Hufschlaglinien,
   b) beim Galopp,
   c) bei versammelnden Übungen,
   d) bei Seitengängen
   notwendig ist.

Jede Seitenbiegung muß gleichmäßig von hinten nach vorn durch das Pferd gehen, d. h. Genick, Hals und Rückgrat sollen in gleicher Weise an der Biegung teilnehmen. Bei der Genickbiegung soll innerer Ganaschenrand sich unter bzw. über der Ohrspeicheldrüse an den Halsmuskel anlegen.

Aufgabe des Reiters: die weniger beweglichen Körperteile biegsam zu machen, die Seitenbiegung der beweglicheren Körperteile so zu regeln, daß der Grad ihrer Biegung dem der weniger beweglichen entspricht.

Die richtige Biegung des Genicks und die zur Beherrschung des Pferdes zu fordernde bestimmte Stellung von Hals und Kopf wird durch die starke natürliche Beweglichkeit des Genicks erschwert; diese muß daher ebenso wie die Biegung des Halses eingeschränkt und auf das richtige Maß gebracht werden.

Höchstmaß der Biegung im Gange:
Anpassung an die Kreislinie der Volte (6 Schritt Durchmesser).

H. Seitenbiegung wird erzielt:

durch Gegeneinanderwirken biegender innerer und begrenzender äußerer Hilfen.

Übungen zunächst auf der Stelle und im Schritt; vorherrschend jedoch im Arbeitstrab und Tempo steigern bis Mitteltrab. Je mehr das Pferd in Schwung gehalten wird, desto weniger treten falsche Biegungen ein.

J. Pferd entlastet einen Fuß und entzieht sich dadurch und durch falsche Halsbiegung der richtigen, gleichmäßigen Seitenbiegung;

K. Übungen vorherrschend im Trabe (Arbeitstrab oder Mitteltrab).

Allgemeines:

Bei allen Übungen zur Erzielung feitlicher Biegung muß das Pferd zunächst den inneren Hilfen folgen lernen.

Je williger das Pferd auf die inneren Hilfen nachgibt, um so mehr können nach und nach die äußeren Hilfen zur Wirkung kommen. Ist die Übereinstimmung zwischen biegenden inneren und richtenden äußeren Hilfen erzielt und kann das Pferd längere Zeit in einer feitlichen Biegung gehen, kann auch das

Reiten in Stellung geübt werden.

Durch tätige Mitwirkung der äußeren Hilfen werden erhöhte Anforderungen auf Rippenbiegung und reine Genickbiegung gestellt.

Zur Vervollkommnung der rein feitlichen Genickbiegung dient das Abbrechen (nur im Halten).

Soll die Biegung in den Ganaschen verbessern und reine feitliche Genickbiegung vervollkommnen.

Voraussetzung hierfür:

Stetigkeit des Halses und Aufrichtung.

Abbiegen (feitliches Biegen)

Grundsatz für die Einwirkungen des Reiters.

1. Innerer Schenkel dicht am Gurt bildet die Säule, um die sich das Pferd biegt;

2. Äußerer Schenkel hinter dem Gurt hält die Hinterhand heran;

3. Innere Hand in normaler Höhe oder etwas tiefer gibt die biegenden Einwirkungen;

4. Äußere Hand bis 1 Handbreit höher als die innere

richtet die Haltung des Pferdes und begrenzt das Maß der Biegung.

a) auf der Stelle:

Zuerst:

1. Pferde gerade auf 4 Beine stellen,
2. abkauen,
3. Haltung von Hals und Kopf so berichtigen, daß Genick der höchste Punkt,
4. Nase etwas vor der Senkrechten.

H. Nach innen sitzen,
innerer Schenkel am, äußerer verwahrend hinter dem Gurt.

Verkürzten inneren Zügel etwas seitlich annehmen bei tiefgestellter Hand,

äußere Hand anfangs etwas nachgeben, später durch sanfte Gegenwirkung zu starkes Nachgeben auf inneren Zügel verhindern.

Äußerer Zügel,

Hals wieder gerade stellen,

für nötige Aufrichtung sorgen.

F. Pferd versucht, inwendige Seite zu entlasten;

K. richtige Gewichtsverteilung nach innen,
inwendiger Hinterfuß möglichst nahe an den auswendigen halten (Biegen an der Wand).

F. Nase steht vor dem Biegen senkrecht oder hinter der Senkrechten;

K. mit den Schenkeln am Gurt vordrücken.

F. Pferd wird überzäumt oder weicht durch falsche Biegung am 2. oder 3. Halswirbel aus;

K. durch leichte Zügelanzüge mit höher gestellten Händen Nase vor die Senkrechte bringen, dann:

durch Tieferstellen der Hände und mehr waagerechte Zügelanzüge Beizäumung wiedergewinnen.

F. Hals verbiegt sich im oberen Teil nach außen;

K. höhere Führung des äußeren Zügels, dort an den Hals anlegen, wo die Muskeln heraustreten.

F. Verbiegen des Halses am unteren Ende;

K. auswendigen Zügel ganz niedrig, dicht vor der Schulter wirken lassen und mit etwas höher gestelltem inneren Zügel für Biegung und Aufrichtung sorgen.

F. Pferd verwirft sich im Genick;

K. tiefer stehendes Ohr mit gleichseitigem Zügel höher stellen, mit dem anderen Zügel in tiefer Stellung gegenhalten.

b) im Gange:

Die gleichen Hilfen, aber Schenkel, besonders der innere, müssen mehr zur Wirkung kommen.
Beide Hinterfüße sollen dicht aneinander vorbeitreten und eine schmale Hufspur bilden.

H. Innerer Schenkel:

inneren Hinterfuß zum Untertreten anregen,
für Nachgiebigkeit der inneren Seite — unterstützt durch inneren Zügel — sorgen;
äußerer Schenkel und Zügel verwahren Hinterhand und Schulter und sorgen, daß Biegung um den inneren Schenkel gleichmäßig durch das ganze Pferd geht.

F. Auswärtiger Hinterfuß fällt aus;

K. 1. Biegen auf gerader Linie an der Bande;
2. verwahrende Tätigkeit des äußeren Schenkels.

F. Pferd klebt mit äußerer Schulter an der Wand, und seitliches Ausweichen des inneren Hinterfußes;

K. Vorhand etwas hereinführen, so daß sie stets vor die Hinterhand gerichtet bleibt.

F. Pferd setzt der Biegung Widerstand entgegen, inwendiger Hinterfuß tritt nicht unter den Schwerpunkt;

K. inwendiger Schenkel hält inneren Hinterfuß zum leichten Vortreten vor äußeren Hinterfuß an.

   c) Außenbiegung soll den Reiter zum tätigeren Gebrauch der äußeren Hilfen veranlassen.

Reiten in Stellung und Wechseln der Stellung (R. V. V. 33)

bei geradem Sitz kann Reiter inneres Auge und Nüster sehen; der Mähnenkamm ist nach innen übergekippt, innerer Hinterfuß spurt in Richtung des inneren Vorderfußes, äußerer Hinterfuß zwischen die Vorderfüße.

H. Äußerer Zügel

   a) Halsbiegung einschränken,

   b) für Aufrichtung und Versammlung sorgen.

Auswendiger Schenkel veranlaßt den äußeren Hinterfuß in Richtung zwischen die Vorderfüße zu treten.

F. Innerer Hinterfuß weicht nach innen ab;

K. tätiger innerer Schenkel.

F. Pferd verhält sich bei Wechseln der Stellung;

K. dazwischen einige Zeit geradeaus stellen und bestimmt vorwärtsreiten.

Reiten in Stellung erforderlich

1. zur Versammlung,
2. zum Durchreiten der Ecken,
3. zu den Wendungen,
4. zu Hufschlagfiguren,
5. zum Galoppieren in verkürzten Tempos,
6. zu Seitengängen.

Reiten in Außenstellung

(nur im Schritt und abgekürzten Trab).

Beim Eckenreiten in Außenstellung Vortreten der äußeren Füße durch äußeren Zügel beschränken, inneren Hinterfuß durch inneren Schenkel zu weitem Vortreten anhalten; Stellunggeben mit dem inneren Zügel auf das geringste Maß beschränken.

Zweck der Außenstellung:

1. Folgsamkeit auf äußere Hilfen,
2. Vorübung zum Renvers,
3. Pferde, die mit Schulter oder Hinterhand ausfallen oder seitwärts drängen, am Abweichen von der gewünschten Richtung zu hindern.

Abbrechen:

Steigerung der seitlichen Genickbiegung ohne Verstärkung der Halsbiegung.

Zweck:

Durchlässigkeit des Genicks sicherzustellen.

Wenn Schwierigkeiten beim Hergeben der Stellung eintreten: Übung abbrechen.

Vor dem Abbrechen zuerst
1. geraderichten,
2. Hinterfüße heranholen,
3. auf 4 Beine stellen,
4. in gut aufgerichteter Stellung abkauen am Gebiß.

Sitz und Hilfen wie beim Biegen;
äußerer Zügel muß verstärkt einwirken zur Begrenzung der Halsbiegung und Sicherstellung der Aufrichtung.

Versammeln im Gange:

Begriff:

Pferd von hinten nach vorn so zusammenschieben und die Hinterbeine derart zum fleißigen, federnden Vortritt unter den Schwerpunkt anregen, daß sie, sich in allen ihren Gelenken, besonders den oberen, biegend, die Körperlast vermehrt aufnehmen und kraftvoll wieder abschnellen.

H. Pferd geraderichten und stellen; treibende Hilfen regen die Hinterbeine an;

Hände halten den stärkeren Schwung in elastischer Zügelspannung aus, o h n e Vortreten der Hinterbeine zu behindern.

Zügel l e i c h t annehmen.

Hinterbeine müssen eng beieinander bleiben; Hals richtet sich auf, dehnt sich bei willig hergegebenem Genick an der Hand. Rücken schwingt federnd im Takte des Ganges auf und ab.

Versammeln in halben Tritten:

Begriff:

Pferd soll, sich in seinen Hinterbeinen vermehrt biegend,

mehr Last aufnehmen und in halben, lebhaften, trab=
artigen Tritten vorwärtsgehen.

Anlehnung wird leichter, Vorderbeine treten erhabener.

H. Lebhafte mit dem Sporn unterstützte Schenkelhilfen,
leichte im Takt der Tritte angebrachte halbe Paraden;
weicher Sitz bei leicht zurückgeneigtem Oberkörper,
Gesäß tief im Sattel.

F. Pferd bleibt nicht geradegerichtet,
Pferd sucht hinten seitlich — nach innen — auszuweichen;

K. geringe Schulterhereinstellung.

F. Hinter dem Zügel verkriechen;

K. vermehrtes Vortreiben, Tritte herauslassen.

Reiten auf 2 Hufschlägen

Allgemeines.

Natürliche, gleichmäßige Fußfolge darf nicht gestört
werden. Vorhand muß stets der Hinterhand voraus=
gehen.

2 Arten: 1. Schenkelweichen, 2. Seitengänge.

Unterschied:

1. bei den Seitengängen ist das Pferd in seiner ganzen
   Länge gebogen,
   beim Schenkelweichen hat es nur eine Kopfstellung;
2. bei den Seitengängen ist das Pferd versammelt,
   beim Schenkelweichen nicht;
3. die Seitengänge werden in der Vollendung im ver=
   sammelten (abgekürzten) Trab,
   das Schenkelweichen im Arbeitstrab geritten;

4. beim Schenkelweichen treten die Pferde mit den inneren Füßen v o r und ü b e r die äußeren, beim Seitengang treten die inneren (äußeren) Füße nur v o r die äußeren (inneren);

5. beim Schenkelweichen liegt der innere Schenkel als „seitwärts treibender" etwas hinter dem Gurt, bei den Seitengängen liegt er stets an dem Gurt;

6. das Schenkelweichen ist keine die Tätigkeit der Hinterhand fördernde Übung,
die Seitengänge fördern die Gelenkigkeit der Hinterbeine sowie die Versammlung und verbessern das Gleichgewicht;

7. bei den Seitengängen wird die Tragkraft der Hinterbeine in vermehrter Weise,
beim Schenkelweichen überhaupt nicht in Anspruch genommen.

Schenkelweichen (R. V. V. 31)

Pferd bewegt sich mit ganz geringer Kopfstellung auf 2 Hufschlägen. Die inneren Füße treten gleichmäßig vor und über die äußeren.

Zweck:

Schenkelweichen lehrt den Reiter: den Gebrauch der einseitigen Schenkel- und Zügelhilfen,
das Pferd: den Gehorsam auf diese.

Schenkelweichen wird nur im Schritt und Arbeitstrab, nur auf kurzen Strecken und nur an der langen Wand bzw. auf dem Zirkel geritten.

Schenkelweichen ist ein zwingendes Mittel zur Erzielung des Gehorsams auf die inneren Hilfen.

Beim Schenkelweichen ist das Pferd nach der Seite des seitwärts treibenden Schenkels gestellt; dieser ist somit i m m e r der innere.

Verschiedene Arten des Schenkelweichens:

1. Schenkelweichen an der langen Wand auf den dem Äußeren der Bahn zugekehrten Schenkel;

2. Schenkelweichen durch Viereck verkleinern und Viereck vergrößern;

3. Schenkelweichen an der langen Wand auf den dem Inneren der Bahn zugekehrten Schenkel.

4. Schenkelweichen auf dem Zirkel auf den der Zirkelmitte zugekehrten Schenkel;

§. Sitz nach innen.

Der innere Zügel gibt dem Pferde eine leichte Kopfstellung nach der Seite des seitwärts treibenden Schenkels.

Der innere Schenkel, dicht hinter dem Gurt, drückt die Hinterhand seitwärts (im Augenblick des Abfußens des inneren Hinterfußes).

Durch ein stärkeres — aber nur vorübergehendes — Annehmen des inneren Zügels kann die Wirkung des seitwärts treibenden Schenkels unterstützt werden.

Der äußere Zügel führt die Vorhand auf ihrem Hufschlag weiter und verhindert ein Ausfallen der äußeren Schulter.

Der äußere (verwahrende) Schenkel verhindert ein Ausfallen der Hinterhand und ein Fliehen des Pferdes vor dem seitwärts treibenden inneren Schenkel.

F. Pferd nimmt seitwärts treibende Schenkelhilfe nicht an und legt sich gegen den Schenkel;

K. Verstärkung der Schenkelhilfe durch verstärktes Annehmen des inneren Zügels.

F. Pferd fällt mit der Hinterhand aus und flieht vor dem inneren Schenkel;

K. Verwahren mit dem äußeren Schenkel.

F. Pferd weicht im Hals nach innen aus (locker an der Schulter);

K. Gebrauch des verwahrenden äußeren Zügels; mit dem inneren Zügel immer wieder nachgeben.

F. Pferd fällt mit der äußeren Schulter aus;

K. vermehrter Gebrauch des äußeren Zügels in der Tiefe (Feststellen der Schulter).

Zu 1. Schenkelweichen auf den dem Äußeren der Bahn zugekehrten Schenkel

H. In der zweiten Ecke der kurzen Wand Pferd etwas verhalten; sobald Pferdekopf an der langen Wand — Pferd umstellen und Pferd erneut verhalten; dadurch Schrägstellung erhalten.

Der neue innere Schenkel läßt die Hinterhand nicht an die Wand kommen, sondern drückt sie — höchstens 1 Schritt vom Hufschlag der Vorhand weg — nach dem Inneren der Bahn herein.

Der äußere Zügel führt — seitwärts weisend — die Vorhand entlang der langen Wand.

Beendigung: Pferd wieder umstellen und in einem leichten Bogen auf den Hufschlag zurückführen.

Zu 2. Viereck verkleinern und Viereck vergrößern (R. V. V. 32)

Zweck:

Befestigt Gehorsam auf seitwärts treibenden inneren Schenkel und führenden äußeren Zügel.

H. Sobald Pferd am Hufschlag der langen Wand angekommen, Pferd umstellen und mit dem neuen inneren Schenkel vorwärts-seitwärts treiben.

Innerer Hinterfuß tritt in Richtung des äußeren Vorderfußes vor und über den äußeren Hinterfuß.

Der äußere Schenkel erhält die Vorwärtsbewegung.

Eine Pferdelänge vor der Mitte der Bahn wird Vorhand auf Hinterhand eingerichtet und Pferd geradeaus gestellt, mindestens eine Pferdelänge geradeaus geritten, dann nach innen gestellt und mit neu einsetzenden vorwärts-seitwärts treibenden inneren Schenkel- und führenden äußeren Zügelhilfen auf den Hufschlag der langen Wand zurückgeführt.

Eine Pferdelänge vor der Ecke ankommen, Vorhand auf Hinterhand einrichten und gerade gerichtet mit richtiger Längsbiegung durch die Ecke reiten.

Ausführung richtet sich nach dem Ausbildungsgrad des Pferdes; danach auch wie weit das Pferd in die Bahn hineingeführt wird.

Je mehr das Pferd den äußeren Hilfen folgt, desto geringer wird die Abstellung der Hinterhand, und aus der lösenden wird allmählich eine versammelnde Übung (Vorbereitung zum Schulterherein).

Gangart: Schritt, Arbeitstrab, verkürzter Arbeitstrab.

Zu 3. Schenkelweichen auf den dem Inneren der Bahn zugekehrten Schenkel

Vorhand wie zum Reiten einer Volte einen kleinen Schritt in das Innere der Bahn hereinführen.

Durch halbe Parade Hinterhand auf dem Hufschlag und in der gewonnenen Schrägstellung erhalten.

Innerer Zügel gibt leichte Kopfstellung.

Innerer Schenkel gibt seitwärts treibende Hilfen.

Äußerer Zügel führt Vorhand.

Äußerer Schenkel wirkt verwahrend oder vorwärtstreibend.

Beendigung: Mit seitwärts weisenden äußeren Zügelhilfen Vorhand auf Hinterhand einstellen, Pferd geraderichten und auf einem Hufschlag weiterreiten.

Zu 4. Schenkelweichen auf den der Zirkelmitte zugekehrten Schenkel

H. Vorhand wird wie beim Reiten einer Volte einen kleinen Schritt in das Innere des Zirkels hereingeführt.

Halbe Parade erhält Hinterhand auf dem Hufschlag des Zirkels und Schrägstellung.

Innerer seitwärts treibender Schenkel und führender äußerer Zügel fordern die Ausführung.

Pferd geht auf 2 Hufschlägen — Hinterhand auf dem Hufschlag des Zirkels.

Beendigung: Einrichten der Vorhand auf die Hinterhand;

seitwärts treibende Schenkelhilfen hören auf;

führender äußerer Zügel führt Vorhand auf den Hufschlag zurück. Pferd geraderichten.

Seitengänge

Begriff:

sind diejenigen Übungen, bei denen das Pferd in seiner ganzen Länge gebogen (gestellt) mit Vor- und Hinterhand auf 2 verschiedenen Hufschlägen vorwärts-seitwärts geht.

Maß der Abstellung soll höchstens 1 Schritt sein und richtet sich nach dem Grade der Ausbildung, der Längsbiegung und Versammlung.

Zweck:

Seitengänge fördern die Gelenkigkeit der Hinterbeine und dienen zur Verbesserung des Gleichgewichts. Sie befestigen Gehorsam auf Schenkel- und Zügelhilfen und vervollkommnen den Reiter im Gefühl und in Hilfengebung.

Schubkraft der Hinterbeine wird eingeschränkt und die Tragkraft mehr beansprucht.

Vorbedingung: ein losgelassenes und durchlässiges Pferd bei entsprechender Aufrichtung und Beizäumung.

Schulterherein (R. V. V. 34)

Begriff:

Im Schulterherein ist das Pferd

    bei geringer Längsbiegung nach innen gestellt,

    in gut versammelter Haltung,

    in entsprechender Aufrichtung

mit der Vorhand bis zu einem Schritt vom Hufschlag des äußeren Hinterfußes nach dem Inneren der Bahn hineingewendet. Es bewegt sich nach der der Kopfstellung entgegengesetzten Seite; die inneren Füße treten vor die äußeren.

Zweck:

Schulterherein dient

> zur Vervollkommnung der Rippenbiegung,
>
> zur Erhöhung der Versammlung,
>
> zur Hankenbiegung.

Nach der Rippenbiegung bestimmt sich die Halsbiegung und das Maß der Abstellung.

H. zur Entwicklung:

> verkürzter innerer Zügel stellt Pferd nach innen; halbe Parade zur Versammlung; Wenden nach innen wie zur Volte; halbe Parade mit dem äußeren Zügel verhindert weiteres Vorschreiten; äußerer Zügel führt Pferd im Seitengang fort.
>
> Bei fortgeschrittenen Pferden: Wendung auf Hinterhand im Gang.

H. während des Seitengangs:

> innerer Zügel:
>
>> sorgt für Kopfstellung,
>>
>> sorgt für Beibehalt der 2 Hufschläge,
>>
>> verhindert (mit innerem Schenkel) Hereinwerfen der Hinterhand;
>
> äußerer Zügel:
>
>> regelt (mit äußerem Schenkel) Biegung und Aufrichtung,
>>
>> führt das Pferd;

innerer Schenkel (dicht hinterm Gurt):

> erhält Rippenbiegung,
>
> regt inneren Hinterfuß zum Untertreten vor den äußeren Hinterfuß an,
>
> veranlaßt — wenn nötig — (mit dem äußeren Zügel) die Seitwärtsbewegung;

äußerer Schenkel (Lage wechselnd):

> verwahrt die Hinterhand,
>
> regt äußeren Hinterfuß zum Vortreten an.

Zügel führen die Vorhand und geben Hals= und Genick=biegung;

Schenkel führen die Hinterhand und geben Rippen=biegung.

Beendigung:

2 Pferdelängen vor der langen Wand:

> Vorhand auf Hinterhand einrichten; Ecken und kurze Wand auf einem Hufschlag in Versammlung und in Stellung durchreiten.

Übergang aus Schulterherein zur Volte auf einem Huf=schlag.

Übung: Parade zum Halten im Schulterherein bei vorherrschenden äußeren Hilfen.

Fehler (des Reiters): falscher und zu starker Gebrauch des inneren Zügels. Dadurch:

F. zu starke Halsbiegung,
Ausfallen der äußeren Schulter;

K. Geradehalten des Halses an der Schulter
> mit äußerem Zügel,
> tiefer äußeren Hand,
> vortreibendem inneren Schenkel.

F. Pferd klebt mit Hinterhand an der Wand,
Pferd fällt mit auswendigem Hinterfuß aus;

K. mit beiden Schenkeln — vortreibend — in Richtung der Abstellung in die Bahn reiten.

Zurückreiten:

mit Konterstellung,

durch Schenkelweichen,

im Renvers.

F. (bes. im Schulterherein rechts) Verwerfen im Genick und Hals nach links;

K. reine Ganaschenbiegung bei guter Geraderichtung des Halses.

F. (bes. im Schulterherein links) Klappen mit dem Hals an der Schulter nach links, Ausfallen mit dem äußeren Hinterfuß;

K. Feststellen des Halses mit dem äußeren Zügel; vorherrschende Tätigkeit des äußeren Schenkels.

F. Pferd geht hinter dem Zügel;

K. Heranreiten an den Zügel in freieren Gängen auf einem Hufschlag.

Verwendung:

Schulterherein dient zur Abstellung von Fehlern in Haltung und Gang des Pferdes und zur Entwicklung aller anderen Schulen.

Travers

Begriff:

Im Seitengang Travers geht das Pferd mit etwas ausgesprochenerer Längsbiegung als beim Schulterherein mit der Hinterhand nach innen bis zu einem Schritt vom Hufschlag des äußeren Vorderfußes in die Bahn herein. Die auswendigen Füße treten vor die inwendigen.

Zweck:

Travers dient:

zur Vervollkommnung der Längsbiegung und Versammlung des Pferdes,

zur Vorbereitung für engere Wendungen um die Hinterhand.

Der Seitengang Travers ist bezüglich der Hilfengebung und der Einwirkungen des Reiters insofern leichter als „Schulterherein", als sich das Pferd in der gleichen Richtung bewegt, in der es auch gebogen ist; für das Pferd ist „Travers" jedoch schwieriger als Schulterherein, da bei diesem Seitengang (Travers) das Pferd nicht nur den inneren Hinterfuß richtig unter seine Schwerpunktlinie setzen, sondern auch den äußeren Hinterfuß zu vermehrter Biegung bringen muß, um ihn richtig vor den inneren Hinterfuß zu setzen. Das Pferd entzieht sich daher häufig der richtigen Arbeit der Hinterhand dadurch, daß es den inneren Hinterfuß nicht mehr genügend weit vor, sondern nur ausweichend zur Seite setzt.

H. Innerer Schenkel regt den inneren Hinterfuß zum Untertreten an.

Bestimmter anliegender innerer Zügel und äußerer Schenkel hinter dem Gurt geben die erforderliche Längsbiegung bzw. Stellung um den inneren Schenkel.

Verwahrend anstehender äußerer Zügel verhindert zu starke Halsbiegung und veranlaßt im Verein mit seitwärts treibendem äußeren Schenkel die Hinterhand, nach innen vom Hufschlag der Vorhand abzugehen.

F. Pferd zeigt zu starke Halsbiegung;

K. stärker verwahrender äußerer Zügel.

F. Pferd klappt im Hals nach innen um;

K. verwahrender äußerer Zügel bei Tieferstellung der äußeren Hand.

F. Pferd stellt Hinterhand zu weit nach innen und tritt mit innerem Hinterfuß nicht mehr genügend unter.

K. Vortreibender innerer Schenkel regt inneren Hinterfuß zum Untertreten an;

seitwärts treibende Einwirkungen des äußeren Schenkels müssen in geringerem Grade gegeben werden.

Es empfiehlt sich, das Verständnis des Pferdes für die Hilfengebung zum Seitengang Travers in der Weise zu heben, daß anfänglich die Entwicklung des Seitengangs aus der Bewegung: „Aus der Ecke kehrt", später nach Abwenden von der kurzen Wand auf die Mittellinie durch Vorwärts=Seitwärts=Reiten gegen den Wechselpunkt der langen Seite bzw. gegen die Mitte der langen Wand vorgenommen wird,

dann durch Seitwärts=Vorwärts=Reiten auf der Wechsellinie des Wechselns durch die ganze Bahn und später auf der Wechsellinie des Wechselns durch die halbe Bahn.

Bei allen diesen Entwicklungen des Seitengangs Travers ist darauf zu achten, daß der äußere Schenkel die Hinterhand so rechtzeitig verwahrt, daß sie der Vorhand nicht mehr auf einem Hufschlag folgt, sondern sofort mit seitwärts treibenden Hilfen veranlaßt wird, die Hinterhand nach innen vom Hufschlag der Vorhand abzuführen.

Während der Bewegung des Seitengangs Travers haben vorwärts treibende Schenkel- und seitwärts weisende Zügelhilfen stets dafür zu sorgen, daß die Hinterhand niemals der Vorhand vorausgeht, was neben zu starker Halsbiegung als einer der grundsätzlichsten Fehler dieses Seitenganges zu betrachten ist.

Da das Reiten der Seitengänge niemals Selbstzweck ist, sondern der Verbesserung der Ausbildung des Pferdes — insbesondere auch der Gangarten — dient, empfiehlt es sich, das Reiten von Seitengängen stets durch die Gangart Mitteltrab oder Mittelgalopp zu beenden.

Zum Schluß möchte ich noch einige allgemeine Regeln angeben, die sich jeder Reiter immer wieder ins Gedächtnis einprägen soll:

1. Die Bedeutung der treibenden Hilfen — vortreibende Schenkel- und vorschiebende Gewichtshilfen — steht hoch über der der verhaltenden Hilfen.

2. Eine annehmende Zügelhilfe darf niemals zu einer ziehenden Einwirkung ausarten.

3. Jede annehmende Zügelhilfe darf nur eine ganz kurze Zeitspanne andauern; evtl. ist sie zu wiederholen.

4. Der innere Zügel stellt, der äußere Zügel führt das Pferd.

5. Durch die Führung mit dem äußeren Zügel darf die mit dem inneren Zügel gegebene Stellung nicht aufgehoben werden.

6. Die innere Hand steht beim Reiten auf gerader Linie gleich hoch mit der äußeren, beim Reiten mit Biegung oder Stellung etwas tiefer als die äußere.

7. Bei Korrekturen der Stellung des Pferdes in seiner Längsrichtung — sei es im Gange oder im Halten — stets die Vorhand auf die Hinterhand einrichten, und nicht umgekehrt.

8. Reite Dein Pferd vorwärts und richte es gerade! Das ist und bleibt das Endziel der Ausbildung!